COLONIE AGRICOLE

DE METTRAY

SOUVENIRS

D'UN FONCTIONNAIRE

PAR

M. GUIMAS

Ancien Directeur de la Colonie pénitentiaire d'Ostwald, près Strasbourg
ancien Inspecteur des établissements de bienfaisance de la province
d'Oran (Algérie) ; ancien Directeur des cultures de la Colonie de Mettray ;
Président de la Section d'Agriculture de la Société d'Agriculture, des
Sciences et Arts d'Indre-et-Loire ; Vice-Président du Syndicat vinicole
et commercial d'Indre-et-Loire ; membre honoraire de la Société d'Agriculture de la Basse-Alsace ; membre de la Société des Agriculteurs de
France, etc.

TOURS

IMPRIMERIE ROUILLÉ-LADEVÈZE

6, — *Rue Gambetta,* — 6

—

1885

SOUVENIRS

D'UN FONCTIONNAIRE

1885

PRÉFACE

En quittant Mettray, je m'étais contenté de publier
un compte rendu de ma gestion agricole, craignant de
nuire à l'établissement en racontant la manière dont
j'avais été remercié. Aujourd'hui le départ du Directeur,
M. Blanchard, et du Sous-Directeur, M. Arnoux, rempla-
cés par des fonctionnaires étrangers à l'établissement,
me rendent ma liberté, et la réserve que je m'étais
imposée n'a plus sa raison d'être. En outre toutes mes
démarches auprès de M. Goüin, Président, et des autres
membres du Conseil, pour obtenir une enquête sérieuse
sur les faits qu'on me reproche et que j'ignore, étant
demeurées infructueuses, je me décide à livrer à la
publicité le récit des faits suivants.

Voici, comme préambule, copie de la dernière lettre
écrite par moi à M. Goüin, le 6 juillet 1885, et qui,
comme les précédentes, est restée sans réponse.

Monsieur le Président,

« Je sais que la lumière est faite sur mon compte et
que vous êtes suffisamment éclairé,

« Depuis plus d'un an j'attends une réparation que plusieurs membres du Conseil m'ont promise et qui ne vient pas. J'ai été patient parce que l'homme juste n'a jamais à se presser : fort de sa conscience, il peut attendre. Toutefois ceux qui ont cherché à détruire ma réputation sans tache, bien que remerciés, ont une pension de retraite, et celui qui a ruiné sa santé, qui a sacrifié ses intérêts particuliers pour la réussite de la belle œuvre de Mettray, où il était revenu par affection pour le vénérable M. De Metz, quittant, sur ses instances pressantes, une position dans l'administration, bien supérieure à celle qui lui était offerte, qui a remplacé la culture ruineuse de l'établissement par une culture lucrative, donnant en dix ans plus de 150,000 francs de bénéfice argent et doublant la valeur de la propriété par des travaux d'amélioration, reste sous le coup d'une injustice qui avait pour but de flétrir son honorabilité, si elle n'avait pas été si solidement établie.

« Après un laps de temps aussi long, ne pouvant plus compter sur les promesses d'hommes qui ont bien reconnu qu'on les avait trompés, mais qui n'ont pas le courage d'avouer leur erreur, je vais m'adresser de nouveau à l'opinion publique, qui, après avoir lu le récit des faits tels qu'ils se sont passés, des démarches infructueuses faites par moi pour obtenir de vous et du Conseil une enquête que vous avez refusé de faire, jugera en dernier ressort et replacera les responsabilités à leur vraie place.

« Veuillez agréer, etc. »

SOUVENIRS

D'UN FONCTIONNAIRE

DE METTRAY

~~~~~~~~~~~~

Mettray est connu du monde entier. Fondé par MM. De Metz, ancien conseiller à la Cour d'appel de Paris, et vicomte de Courteilles, deux hommes de cœur et de talent, il a servi de modèle à tous les établissements qui ont eu pour but la moralisation de l'enfance pauvre, abandonnée ou coupable.

Ces deux hommes de cœur avaient trouvé le moyen d'agir sur ces natures corrompues faute d'éducation. Ils étaient parvenus à en sauver un grand nombre.

La base de Mettray était la religion ; le lien, la famille ; l'ordre matériel, la discipline militaire. Otez un de ces mobiles et l'édifice moral menace ruine. Les plus belles théories sont vides de sens et n'arrivent à donner aucun résultat durable sans ces trois forces nécessaires à la vie des sociétés. Nos utopistes bâtiront sur le sable, s'ils négligent un seul de ces moyens d'action.

Les fondateurs de Mettray étaient bien persuadés de cette
~~~~~~~~~~~~

vérité, et pendant trente-trois ans, M. De Metz, le dernier survivant, n'a pas permis qu'il soit ôté une pierre de l'édifice devenu si solide, qu'il a fallu dix ans de fautes pour l'ébranler.

Jetons un coup d'œil rapide sur le Mettray des fondateurs et sur le Mettray d'aujourd'hui.

M. De Metz était pénétré de cette vérité, qu'un établissement moralisateur ne pouvait obtenir de résultat satisfaisant que par le dévouement. Il nous disait souvent : Avec la discipline militaire on fait manœuvrer un régiment, on ne le moralise pas. C'est avec le cœur qu'on gagne les cœurs. Il me faut des employés dévoués qui m'aiment et que je puisse aimer.

Avant de prendre des jeunes détenus, il avait choisi des jeunes gens de bonne famille et instruits, pour l'aider dans sa tâche, et il leur avait communiqué une partie de son feu sacré. « Celui qui se sent défaillir, disait-il, doit se retirer dès la veille ; le lendemain il aurait déjà fait du mal. » Il aimait donc ses employés, ses collaborateurs, comme il les appelait, et il en était aimé. On savait combien son cœur souffrait lorsqu'il était obligé de prendre des mesures sévères, et on s'efforçait de ne pas lui déplaire. Ce qu'il faisait pour les employés, ceux-ci le faisaient pour les jeunes colons, et les enfants se sentant aimés, se laissaient gagner, au grand profit de leur moralisation.

Voilà le secret de la réussite de Mettray. La discipline militaire maintenait l'ordre matériel, mais c'est l'affection mutuelle de tous les membres de cette grande famille qui amenait l'ordre moral.

Pendant trente-trois ans que M. De Metz fut le père de Mettray, cette institution ne périclita pas, elle resta en tête de toutes les maisons d'éducation.

En 1873, la mort enleva le vénéré M. De Metz. La douleur du personnel et des enfants fut grande : on venait de perdre un ami, un père qui se remplace difficilement, on ne tarda pas à s'en apercevoir.

M. Blanchard, un des plus anciens employés, fut appelé à

la Direction de la Colonie par le Conseil d'Administration.
On espérait le voir marcher sur les traces de celui qu'il avait
toujours qualifié du nom de père. Hélas ! il n'en fut rien : le
règne paternel avait fait son temps, il fut remplacé par le
gouvernement autoritaire poussé à ses dernières limites.

A partir de ce moment, malgré les efforts les plus dévoués
de l'honorable M. Drouyn de Lhuys, Président du Conseil
d'Administration, et ami intime de M. De Metz, le système
changea complètement. M. Drouyn de Lhuys voulait continuer
l'œuvre de son ami, il s'en occupa beaucoup, mais sa santé
usée au service de la patrie ne le lui permit pas longtemps.

M. Blanchard resta seul maître, car le successeur de
M. Drouyn de Lhuys avait bien hérité de la présidence du
Conseil, mais non de ses sentiments pour l'œuvre.

Avec M. Blanchard, plus de liens de famille, plus de rapports affectueux entre les chefs, plus de confiance de la part
des enfants. Une caserne remplaça la famille. A chaque départ
d'employés, on mit à la place de vieux militaires, hommes
honorables assurément, mais n'ayant jamais su ce que c'était
que de moraliser des enfants ; cela est si vrai que, parmi les
jeunes gens choisis et élevés uniquement en vue de cette
noble mission, un petit nombre se montraient à la hauteur de
cette fonction délicate et se sentaient assez courageux pour
consacrer leur vie à cette œuvre de dévouement.

La discipline militaire devint la base de tout, le dévouement
ne fut plus compté pour rien. On ne pensa plus qu'à faire
des militaires des jeunes détenus. Dieu veuille que dans un
temps donné, ils ne soient pas les soldats de l'émeute et de la
désorganisation sociale !

Nous aimons tant ce qui luit, que nous nous laissons
tromper souvent par les apparences. Aussi, lorsque les visi-
teurs avaient assisté à la gymnastique, à l'exercice du fusil,
aux marches militaires, au chant, à la musique, ils s'en allaient
enthousiasmés, croyant à des résultats merveilleux. Il y a si
peu de gens assez sérieux pour aller au fond des choses. Mais

ceux qui savent que ce n'est pas seulement avec des parades qu'on fait des hommes et surtout des ouvriers sérieux ; ceux que M. De Metz avait formés à son exemple, ceux-là, témoins de la vie journalière de l'établissement, voyaient l'obéissance envers les chefs diminuer, l'immoralité prendre des proportions inconnues auparavant, le travail se ralentir, le respect ne plus exister, et ils pensaient avec douleur que la belle œuvre de Mettray s'en allait à la dérive.

Comment, en effet, les chefs pouvaient-ils conserver leur autorité sur les enfants, lorsqu'on permettait à ceux-ci de discuter les rapports de leurs contremaîtres, et que, pour faire de la popularité, on leur donnait souvent raison. On arrive ainsi promptement à l'indiscipline, et le chef reconnaissant qu'on n'a plus confiance en lui, se relâche de ses devoirs et ferme les yeux sur la conduite des colons. Il préfère laisser faire le mal que de s'exposer à un blâme. Que de fois ai-je été témoin de scènes où l'enfant insultait son chef, qui supportait l'outrage, n'osant pas se plaindre, dans la crainte de n'être pas soutenu par la Direction. On cache donc les fautes de l'enfant, et c'est seulement lorsqu'il y a des faits graves et publics qu'on se décide à parler et à punir.

Ce système, qui rendait les chefs indifférents et qui paralysait la discipline et le travail, devait amener des résultats financiers peu satisfaisants. Les budgets furent en déficit. Le banquier de la Colonie, qui était en même temps le président de son Conseil d'Administration, en fut ému ; et si jusque-là, à l'encontre de MM. De Metz et Drouyn de Lhuys, il s'était peu occupé de la situation morale de l'œuvre, en revanche la décadence financière le réveilla. Le personnel se soumettait sans protester aux désirs du Directeur ; j'eus seul la hardiesse de lui dire la vérité. Je me plaignais qu'il employait trop souvent les enfants vignerons à des vignes étrangères, au grand détriment de celles de la Colonie, qui étaient forcément de plus en plus négligées. Je le priais de ne pas déranger les attelages et les enfants de la ferme de la Chute pour les utiliser dans sa nouvelle propriété du Mortier, à Chanceaux. Ce fut inutilement. A l'époque des vendanges, il continua à détourner des travaux de la culture presque tous les ateliers agricoles, pour les envoyer au dehors faire les vendanges des voisins. Sa popularité dans la commune y gagnait, mais les travaux de la Colonie et ses produits y perdaient beaucoup. L'année 1883, ce système atteignait son *summum*. Il est vrai que M. Blanchard était et désirait rester maire de la commune de Mettray.

Le 9 octobre 1883, je lui remettais une note dont voici le résumé : « M. le Directeur, nous avons 40 hectares de regains à couper et à sécher, 4 hectares de haricots à cueillir, 40 hectares de betteraves à arracher, les semailles de 150 hectares à continuer, le battage des grains à terminer, la distillation des betteraves à commencer et bien d'autres travaux urgents qui sont compromis. La culture devient impossible si vous nous enlevez les enfants dans de semblables moments. » Il lut la note et ne répondit rien. Mais je vis bien que ma franchise l'avait irrité, il ne devait pas tarder à me le faire comprendre.

Telle était ma situation vis-à-vis de M. Blanchard quand l'époque de la réunion annuelle du Conseil d'Administration arriva.

Je n'avais pas lieu d'être satisfait, j'étais loin toutefois de m'attendre au dénouement qui devait suivre.

Le budget de la Colonie était en déficit d'une somme assez importante. Un homme était responsable de ce triste état de finances de l'établissement : il sentait bien que son administration avait été défectueuse, puisque, recevant de l'État un prix de journée de 0 fr. 80 par colon, plus des subventions de plusieurs ministères et d'un grand nombre de Conseils généraux et aussi des dons quelquefois très élevés des particuliers, le tout, joint au travail journalier des enfants, sans parler des ressources importantes qu'il tirait des pensionnaires de la Maison Paternelle, puisque, dis-je, il ne parvenait pas à mettre son budget en équilibre, il n'ignorait pas, cet homme, qu'une grave responsabilité pesait sur lui. Pour détourner l'orage qui le menaçait devant le Comité des Finances, il fit, paraît-il, un rapport où il rejetait la cause du déficit sur l'agriculture, bien que son budget se fût soldé en bénéfice, pendant les onze années de ma gestion, par un total de cent quarante-huit mille francs argent, sans compter les nombreuses plus-values de terres estimées plus de cent cinquante mille francs.

Sur le rapport présenté au Conseil d'administraiiou, une enquête fut ordonnée. M. Goüin, Président, Lecouteux, de Meaupou, Goüin (Georges), furent chargés de se rendre à Mettray pour recueillir sur place tous les éléments de cette enquête.

Elle ne fut pas longue, deux heures suffirent pour entendre le Directeur et le Sous-Directeur, et ce fut tout. Pas n'était nécessaire, disait-on, d'entendre le principal intéressé, car, s'il venait à se disculper des infamies qu'on lui prêtait, dans quelle situation se trouverait-on ? Quels embarras allait-on se créer ? Mieux valait sacrifier un accusé sans l'entendre, et c'est ce qu'on fit. L'un des Commissaires enquêteurs, M. Lecouteux, Directeur du *Journal d'agriculture pratique*, vint me trouver, après la soi-disant enquête terminée, et m'assurer de son entier dévouement. Il voulait, disait-il, revenir prochainement à Mettray s'occuper avec moi de l'agriculture de la Colonie et, me serrant la main, il me donna rendez-vous au Concours régional d'Orléans, où je devais être décoré du Mérite Agricole. Une lettre du ministre de l'Agriculture me promettant cette distinction, m'avait été lue peu de jours auparavant.

En accompagnant M. Lecouteux jusqu'à la demeure du Directeur, je rencontrai les autres membres de la Commission. M Goüin me salua, M. de Meaupou me serra la main, sans que rien trahît sur leur physionomie, la triste besogne qu'ils venaient de faire. Ces messieurs, en effet, sans m'en parler, venaient de décider mon départ de la Colonie et de choisir même mon successeur, M. Finot, l'ancien chef de la succursale de la Colonie de la Briche, M. Finot était alors sans emploi, la Colonie ayant retiré les jeunes détenus de la Briche, en s'apercevant que cette succursale ne cessait d'être onéreuse aux finances de l'établissement, malgré tous les sacrifices faits depuis plus de vingt ans pour la faire prospérer.

Quelques semaines plus tard le Conseil d'Administration, réuni à Paris, sous la présidence de M. Goüin, décidait, après la lecture du rapport de M. Blanchard et de l'enquête dérisoire de la commission, mon remplacement à la direction des cultures de la Colonie.

J'étais accusé, jugé et condamné sans appel. Et cependant je n'avais toujours pas été entendu. Bien plus, j'étais et je suis encore dans l'ignorance la plus complète de ce qui s'était tramé ainsi dans l'ombre contre moi.

M. Blanchard, revenu de Paris, me fit immédiatement appeler. Je croyais aller recevoir la petite gratification qui m'était allouée chaque année et qui était certes loin de compenser les promesses qui m'avaient été faites par M. De Metz à ma rentrée à Mettray, en quittant Lamotte-Beuvron, colonie du gouvernement. Cette gratification m'était bien due et m'est encore due, l'exploitation n'ayant cessé d'être productive pendant toutes les années de ma gestion.

« Mon cher Guimas, me dit M. Blanchard, j'ai une triste mission à remplir, *j'en suis malade* (les crocodiles n'ont pas de meilleures larmes). Je suis chargé de vous dire que votre place est supprimée par mesure d'économie. Le Conseil d'Administration ne veut plus d'un chef de culture, il se contentera d'un chef de pratique, qui coûtera moins cher et qui n'ira plus dans les Sociétés d'Agriculture et dans les Comices populaires. »

Stupéfait d'un tel langage et ne pouvant admettre qu'une mesure aussi inattendue qu'imméritée ait été prise à mon égard, au moment où le compte rendu annuel venait prouver une fois de plus la bonne direction de mes cultures, je lui demandai, je le suppliai de m'en faire connaître les motifs réels. « Votre honorabilité comme la mienne, lui disais-je, vous

fait un devoir de me parler avec franchise. — Votre honorabilité, mon cher Guimas, n'est pas en cause, me répondit-il ;
votre remplacement n'a pas d'autre motif que celui d'une
économie à réaliser sur votre traitement, si, après votre
départ de la Colonie, vous vous retiriez à Tours, je vous
prouverais mon intérèt, en vous faisant obtenir du Président
du Tribunal civil des expertises agricoles. »

Voilà tout ce que j'ai pu tirer du cœur de cet homme.

Cela ne pouvait me suffire. Je résolus d'aller à Paris
demander une audience au Président du Conseil d'Administration, M Goüin. Je n'ai pas été reçu. Je lui laissai une lettre
où je le suppliais de me faire savoir quels motifs avaient pu
amener le Conseil à prendre une pareille mesure contre moi.
Je lui rappelais mes longs services à la Colonie et les sacrifices
que je m'étais imposés pour revenir à Mettray prendre sur les
instances pressantes de M. De Metz la direction de l'agriculture. Je lui demandais une enquète sérieuse sur les faits dont
on avait pu m'accuser et que j'ignorais complètement. Je ter-
minais en lui exprimant ma conviction qu'il m'aurait suffi de
m'adresser à sa grande équité pour obtenir une enquête qui
devrait mettre en évidence et à leur vraie place toutes les
responsabilités. *Je n'ai pas eu de réponse.* Lorsque, à quelques
temps de là, M. Goüin revint en Touraine, je lui fis demander
de nouveau une entrevue par le Directeur de la Colonie ; cette
fois encore il refusa de m'entendre.

Indigné de me voir ainsi traité alors que j'avais l'intime
conviction de n'avoir jamais démérité et que j'étais fort de ma
conscience. J'écrivis à M. Goüin la lettre suivante :

« Monsieur le Président,

« Lorsque vous avez demandé au Conseil dAdministration
mon remplacement à la direction des cultures de la Colonie,
vous avez agi sous l'influence du rapport du Directeur,
M. Blanchard, qui avait à se disculper de sa gestion financière.

Il savait bien que l'agriculture n'entrait pour rien dans le déficit de l'année, puisque son résultat final présentait un excédent sur les prévisions de son budget.

« Vous avez été trompé, et au lieu de faire une enquête consciencieuse, pour connaître la vérité, en mandant devant vous celui qu'on accusait indignement, vous vous êtes retiré de la Colonie sans m'entendre, et par conséquent sans remplir votre mission comme le sentiment du devoir vous l'imposait.

« Je ne pouvais supposer qu'un homme haut placé comme vous, Sénateur inamovible, Président d'une œuvre aussi importante que celle de la Société Paternelle, qui devait avoir à cœur de conserver intacte l'œuvre admirable de M. De Metz, ne chercherait pas à s'éclairer et à vouloir au moins écouter les explications que je pouvais lui donner, satisfaction qui n'est pas refusée au dernier des criminels.

« Je suis allé à Paris, après l'ordre brutal de M. le Directeur d'avoir à cesser mes fonctions dans les vingt-quatre heures, sans me donner d'autre motif que celui d'une économie à réaliser. Je vous ai demandé une entrevue : je n'ai pas été reçu. Je vous ai laissé une lettre explicative, demandant comme réparation de mon honneur outragé et de ma situation brisée par cette mesure inexplicable, une enquête et une indemnité convenable : vous n'avez pas daigné me répondre. J'ai fait solliciter par M. le Directeur une nouvelle entrevue, vous avez persisté dans votre refus de m'entendre.

« En présence d'un tel déni de justice, je n'ai plus qu'à protester avec toute l'indignation d'un honnête homme, contre de pareils procédés, car vous avez méconnu les notions de la justice la plus élémentaire. Je me retire en souhaitant que l'établissement que j'aime plus que vous ne l'aimez et auquel j'ai sacrifié ma santé et quarante-un ans de ma vie, n'ait pas à souffrir des mesures arbitraires que vous avez prises et dont vous devez assumer toute la responsabilité. »

« Agréez, etc. »

Ne pouvant plus compter sur la justice du Président, je m'adressai aux autres membres du Conseil, leur expliquant mes démarches infructueuses et leur demandant les motifs de la mesure prise contre moi. Je leur donnai les plus grands détails sur ma gestion agricole, en les priant de faire constater la situation où je laissais l'agriculture. Je les suppliai de me permettre de réduire à néant les accusations portées contre moi en me les faisant connaître. Les uns m'ont répondu qu'ils n'avaient pas assisté à la séance du Conseil d'Administration, qu'ils ne connaissaient pas mon affaire. D'autres se renfermant dans le secret des délibérations du Comité, me dirent qu'ils ne pouvaient rien divulguer de ce qui s'y était passé. Un seul m'écrivit que la mesure avait été prise *sur un rapport de la Direction*, mais sur ce que disait ce rapport, pas un mot.

Ainsi une réunion d'hommes d'élite, qui ont accepté la mission honorable de continuer et de conserver intacte la belle œuvre de MM. De Metz, de Courteilles et Drouyn de Lhuys, juge et condamne sans l'entendre un fonctionnaire qui a sacrifié quarante-un ans de sa vie aux œuvres de bienfaisance de Mettray et d'Ostwald, et qui a toujours été d'un dévouement sans bornes pour les fondateurs de Mettray.

Pas un d'eux, après sa protestation indignée, n'a songé à élever la voix pour demander si les faits avancés contre ce fonctionnaire avaient été contrôlés et interprétés à leur juste valeur. Les accusateurs seuls avaient eu la parole, et le tribunal se dispensant d'entendre la défense, avait prononcé un jugement sans appel.

14290. — Tours. Imprimerie Rouillé-Ladevèze.